JN439598

독풀도 사랑받고 싶다

국립중앙도서관 출판예정도서목록(CIP)

독풀도 사랑받고 싶다 : 조성화 시집 / 지은이: 조성화. --
대전 : 지혜 : 애지, 2018
p. ; cm. -- (지혜사랑 ; 186)

ISBN 979-11-5728-271-5 03810 : ₩9000

한국 현대시[韓國現代詩]

811.7-KDC6
895.715-DDC23 CIP2018008902

지혜사랑 186

독풀도 사랑받고 싶다

조성화

지혜

시인의 말

나와 인연이 있던 그 모든 님들에게
감사하다는 말을 하고 싶다

2018년
조성화

차례

시인의 말 — 5

1부

청춘 — 12
기쁨과 슬픔 — 13
새벽 — 14
바람과 꽃 — 16
몸 — 17
유리의 발전사 — 18
자갈치 시장에서 — 20
별 — 21
연 — 22
신촌 여인숙에서 — 23
독풀 — 24
사랑의 힘 — 25
다시 모기에 대하여 — 26
삶 — 28
새벽기차 — 29
안개 — 30
붉은 이슬 — 32
아무도 당신을 사랑하지 않는 일은 일어나지 않는다 33
이 달에는 주여 — 34

2부

눈물 36
문득 37
선인장 38
나는 잔인함이다 39
초봄 40
비 오는 날 41
너와 나 42
번호 인간 43
본다 44
약간의 혁명 45
이끼 46
일생 13 47
녹슨 철문 앞에서 48
나이 50
어느 가을 날 오후 4시쯤의 구름 51
어떤 사랑 52
비상구 53
당신 54

3부

생 ---- 56
불멸의 한때 ---- 57
눈동자 ---- 58
가을 ---- 59
인도산 물고기 ---- 60
입술을 닦던 내프킨에 급하게 쓴 詩 ---- 61
환장 ---- 62
다리 잘린 게 ---- 63
섬들 ---- 64
단 하나의 빛 ---- 65
오고 가는 이유 ---- 66
사랑한다는 말 ---- 70
두부같은 ---- 71
진짜 죽음 ---- 72
일생 ---- 73
안전벨트 ---- 74
구원 ---- 75
일생은 길다 ---- 76
품 ---- 77
암보다 무서운 거 ---- 78

4부

당신 80
여름 비 소리 속의 소리 81
가방 82
밥알 83
죽일까요 죽을까요 84
진눈깨비 85
행복 86
기다림 87
서울 가을 88
겨울 —붉은 우체통 앞에서 89
강 91
꽃 92
왜 사느냐 묻거든 93
가을 오후의 바보 94
비 95
그리움 96
하늘 97
멸치 98
일생 99

해설 • 사랑의 분광 • 김대현 102

• 일러두기

한 연이 첫 번째 행에서 시작될 때는 > 로 표시합니다.

1부

청춘

하루살이 함부로 비하하지 마라

하루살이는

일생 전체가 청춘이다

기쁨과 슬픔

기쁨은
슬픔의 휴식시간 같은 겁니다.
지루한
슬픔의 강의 시간이 끝나고
에이스 비스켓을 자동판매기 커피에
적셔 먹는 시간 같은 겁니다.
마무리 되지 못한 사연들을
담배 연기 속에 질식시켜 놓고
다시 다음의
긴 슬픔의 강의실로
급히 뛰어 갑니다.

새벽

사랑이 광물이 되는 시간.
새벽 다섯 시에 반짝이는 것들은 너와 내가 죽고 난 뒤에도 반짝인다
별의 뒤통수에서 빛나는 슬프게 지나가버린 운명의 눈동자,
별빛 줄을 타고 내가 사는 마을의 산에 내려오고 있다
그때 나는 문 밖에 서서 길 잃어버린 것들의 자유의 합창소리를 듣는다
또한 세월과 바람과 그 말할 수 없었던 너의 따뜻함이 별빛 줄을 타고
신생의 별로 오르기도 했었다
새벽에는 어떤 길을 걸어도 어머니에게 갈 수 있다
또한 눈 오는 새벽, 맨발로, 미안하지만 지옥의 마음으로
네 마음의 그림자를 밟는다
지옥에서도 행복해야 하는 것이 사랑의 힘이다
어둠과 빛, 선과 악을 단호히 분리하기 위하여 칼을 가는 자는
아직 새벽의 영광, 새벽 다섯 시의 영광에 휩싸여 본 적이 없으리라
악은 나에게만 있고 선은 너에게만 있을 때 우리는 손을 잡고
행복해질 수 있다

나는 깐 포도를 밟는 포도농장의 농부처럼 모든 단 것들과 결별한 뒤
새벽 길 끝에 서서
어머니가 된 너를 향하여 걷는다

바람과 꽃

바람과 꽃은 어느 시대에서건
부부지간이었던 거 같다
지금도 그때의 정을 못 잊어
스쳐지나갈 때마다
가벼운 키스를 해댄다

몸

저 두툼한 생의 사전
펼쳐보니 사랑뿐이구나

사랑의 반대말도
사랑이구나

유리의 발전사

요즘 유리는 깨어지지 않는 것을 전제로 만들어진다 절대로 깨지지 않는 것을 최고의 목표로 하고 있다

깨진 유리조각을 들고 몇십 분간 난동 등의 기사가 언젠가는

사라질 것이다

완전한 절망을 허락하지 않는 시대가 점점 다가오고 있는 것이다

대신 유리회사들은 판매액의 감소를 커버하기 위해서 적절한 시간이 지나면 (물론 이 시간도 유리회사들의 권한 아래 있음) 유리의 색깔이 보기 흉하게끔 변하게 하여 소비자가 어쩔 수 없이 대체하도록 만들 것이다 대체하기를 꺼리는 소비자를 위해서는 구청 철거반들의 무사안일은 상당히 줄어들 것이다

그후 그러한 유리를 실은 차가 새벽길을 달리다 설령 몇 장의 대형 유리가

길거리에 쏟아져도

찬란한 유리의 산화는 목격되지 않을 것이다

상처난 것은 길뿐, 유리는 건재할 것이다

더 견고한 유리가 되기 위해서 공장으로 가는 유리의 길을

아무도 건드리지 못할 것이다

>

그날이 오기 전에 아름다운 추억 (옛날에는 유리는 깨어질 줄 알았다는)을 후세에 전하기 위해 지금 부지런히 유리를 깰 만큼 넉넉한 사람들 집의 유리벽은 이미 쉽사리 깨어지지 않는 첨단 기술의 유리로 되어 있다

자갈치 시장에서

자갈치 아줌마들을 보면 그 여자들의 남자들을 보고 싶다
저렇게 열심히 일하는 여자의 남자들의 게으름의 아름다운
광경을 보고 싶다
여자에게 금이야 옥이야 잘해줘도 달아나는 세상에
열심히 일 시키고도 달아날 수 없게 하는 남자들의 비법을 알고 싶다
펄떡이다가 한 칼에 죽는 고기를 오래 보아서 달관을 배운 여자들을 다루는
그 남자들은 더 차원 높은 달관을 어떻게 배웠는지 알고 싶다
바다 가까이에 갈수록 소위 깨달음이라는 것이 찰랑찰랑 천박한 소리를
내고 있다
바다 위에 뜨고 마는 가벼운 양심으로는
고기의 심장에 칼을 들이댈 수 없어서 남자는 그 잔인한 임무를 여자에게 주고
여자는 이해받지 못한 한으로 칼을 들이대는 것일까
자갈치 시장을 걷다 보면 삶의 투쟁이 다다르고 있는 달관의 비린내를 맡게 된다
결코 값싼 휴머니즘이 아님을 증명하는 둑을 넘어 온 파도에
속된 발을 적시면서

별

일생을 떠메고 가는 공기들의 숙소
너와 내가 처음 만났던 자리에 함께 했던
생각의 고향
가슴에 숨겨둔 사랑이 어느덧 골목길로 접어들 때
들렸던 별의 비명소리
아내는 심장에 박혀 녹슬어 가는 별을 어서 뽑아
내자하지만 나는 그럴 수 없었다
심장에 별이 박힌 삶이 없으면
생이 무슨 의미가 있냐고 물었다
내 눈동자가 별을 닮아가지 않는다면
눈 뜨고 사는 게 무슨 의미가 있냐고.
우리가 하늘의 별들에 화답할
지상의 별들이 되지 않는다면
서로 사랑한다고 한들 무슨 의미가 있냐고
별이 새벽의 어깨를 두드려 깨우고
새벽은 아침의 허리를 조용히 감싼다

연

연 날리는 소년아 이제 그만 자유를 주고 너도 자유를 얻으라
빈손으로 돌아갈 때 나무라는 어머니라면 존경하지 마라
결국 애잔히 해지는 걸 보면

밤 내내 자유로워진 연은 네 꿈을 현실로 바꾸어
주고자 지평선 끝으로 가는 아름다운 춤을 추리라
그렇지만 소년아 내일은 또 내일의 연을 날리렴 방패의 실이 다 풀릴 때까지
자유는 구속을 필요로 한단다

결국 저 해도 하나의 연이지 않느냐

신촌 여인숙에서

녹슨 철망을 젖히고 창문을 열면 저기 세브란스가 보인다 연세가 보인다 모가지를 쭉 내밀고 우향우 하면 섹시한 이화가 보인다

북으로 가는 기차는 내 불면의 철로를 자주 이용하였다

기적소리에 놀랄 정도의 양심으로 신촌의 겨울밤을 지새려했다면 내 충고하지 아직은 자결할 때가 아닌 것 같다고.

인생은 어쩌면 삼류 여인숙의 물맛 같은 거. 쭈그러진 주전자 속에서 끓인 지 며칠은 된 물로 먼 곳에서 힘겹게 온

그리움을 당혹케 하는 거.

방바닥에는 잘 못 찾아든 바람에 모양새를 바꾸는 아프리카 소국의 지도모양 같은 음모 몇 가락.

비디오에서는 막 서부 총싸움이 끝나고 화약 냄새가 채 가시기도 전에 소림 칼재비들은 샤라 샤라 지껄이다가 칼집에 도로 칼을 꽂는다

싸부님…

독풀

독풀의 독은 인간을 해하려는 게 아니라

음독용이 아닐까

독풀도 사랑받고 싶은데 사랑받고 싶어 환장하는데

사랑받기에 실패하면

조용한 밤에 스스로 제 독을 머금는 건 아닐까

사랑의 힘

빈 새우깡 봉지 저리 쏠려 다니고 빈 새우깡 봉지 속 부스러기 같은 인생들
저리 쏠려 다니고 그 사람은 아직 오지 않고.

별을 매단 줄을 잡고 하늘 어느 한 켠에서 주무시고 계신 하나님,
그러다 깜박하여 저 저 쏟아지는 별들. 그러나 저 저별들 다 쏟아져도 나는 살아 남으리
온 몸 온 몸 오! 온 몸으로 저 별들을 튕기면서 기어코 살아 남으리
내 가슴에 그 사랑이 있는 동안의 힘은 그러하리 아무 것도 원하지 않으면
신의 질투를 받게 될까 원한 한 가지, 빈 새우깡 봉지 속의 덜커덩거리는
나의 사랑.
행복을 원하지 않는 것, 그것이 행복일 것 같아 물끄러미 물끄러미

다시 모기에 대하여

초겨울까지 살아남은 모기는 찌꺼기 피의 힘으로 비행합니다

스스로 목숨이 철수하지 않는 한까지 그냥 멋쩍게 날아다닐 뿐이므로

아버지 애써 잡으려 이 깊은 밤의 불을 켜지 마십시오 지금은 피를 빨아 당길 야망의 계절이 아닙니다

모기들의 역사에도 제 명까지 살았다는 기록이 끊기지 않도록, 아버지 지금 들리는 모기소리는 공격신호가 아닙니다

모기소리는 사실 모기의 양심입니다 자제력, 그 자체입니다

만약 모기소리가 없다면 온 몸에 벌집투성이인 사람과 배가 터진 모기가 다음 날 아침 나란히 누워있는 장면이 흔하게 발견될 것입니다

그러나 이제 모기는 그냥 어슬렁 날아다닐 뿐, 습관처럼 웽웽거릴 뿐 발악적으로 우리를 물 일은 없습니다

너 죽고 나 죽자는 식의 피 빨기는 없을 것입니다

이걸 깨달은 사람은 모기소리는 자장가처럼 들립니다

너 죽고 나 죽자는 식의 삶이 얼마나 무모한가 알게 됩니다

사는 동안에도 가야 할 연습을 게을리 하지 말아야겠다는 걸 깨달습니다

아버지 지금 내 팔에 앉아 편안히 잠든 모기들을 제발 건드리지 마세요

삶

죽음의 반대말은 죽음이다
다신 넘어올 수 없는 것이다
언어조차도

새벽기차

새벽기차처럼 인생은 덧도 없고 부실하구나
만지작거리다 닳은 열차표를 차장에게 내밀 때
밖은 안개 속에서 서성이는 동포들의 긴 한숨에 밀려 새벽이 막 열리누나
젖통을 꺼내놓고 안식의 나라로 간 여인에게 물방울 같이 달린 아가야
생의 들러리야
세상은 그대 고른 숨처럼 공평하지 못해 미안하구나
언젠가겠지 누군가겠지
그대에게 격렬한 숨을 가르쳐 줄 사랑과 시대의 표본으로 매달린 채
우리는 반기지 않는 목표로 가구나
여기저기 널려 있는 잠든 동포는 진정한 생의 종착역을 이미 지나고 있는지 모른다

안개

우리가 한 세상 살며 두 세상도 아닌 오직 한 세상 살며

안개여, 사랑은 왜 가장 밝은 곳에서 시작해서 이렇게 컴컴한 곳에서 끝나야 하는지 말할 수 있다면 말해다오

나는 안개 자욱한 가로수 밑에서 절망과 희망이 서로 옆구리를 간지럽히는 동안 한 세상이 강 건너 산 넘어가는 걸 보았다

나의 희망이란 오직 너를 껴안아 안개의 즙을 내는 것이다

우리가 안개의 숲으로 들어가는 순간 어떤 사람은 갇히고 어떤 사람은

자유로워지리라

어떤 사람은 가로수에 이마를 부딪치고 어떤 사람은 가로수가 길 비켜 주리라

안개가 얼마나 아름다운지 아는 자는 무섭다

삶의 무게란 아름다움의 무게인 것을 아는 자는 무섭다

안개 속에서 나는 너의 손을 잡고 지난 4월의 마로니에 어린 잎과 9월의 노란 장미와 11월의 불타는 야생화에 대해서 말하고 우리가 조금이라도 달라진다면 세상은 천진난만한 이끼와 꽃으로 둘러싸여 있다고 말하리라

손을 잡고 강물의 꿈과 바람의 꿈과 유성의 꿈이 우리와 여기서 만나면 좋겠다고 말하리라

그러나 비수를 품고 매복한 저 현실 앞에 자욱히 깔린 안

개의 이불 속에서 잠들고 깬 너는 이제 칼날 같은 사랑이
필요한 것을 알게 되리라
안개의 입자를 반으로 쪼개겠다는 협박이 가능할 정도의 날카로움으로 우리 사랑의 저 거추장스러운 것을 베어버려라
저것 보아라 온갖 가짜들을 밀어내는 안개의 잔잔한 힘과 안개 속에서 최종적으로 아름다움을 심사받고 있는 사물들의 웅성거림을.
안개는 제 삶이 끝나는 곳에다 사랑하다 미친 자들의 발자국으로
우리의 이름을 새겨놓았다
그러니 사랑하는 사람의 이름으로 구원의 열쇠를 만들지 못한 자는 안개 속에서 영원히 길을 잃으리라

붉은 이슬

새벽이슬을 빨다가 풀 날에 입술을 베였습니다

비어 있는 이슬 자리로 핏방울이 달려갔습니다

순간 풀은 푸르르 떨며 잠시 휘청거렸습니다

한 번도 만난 적 없던 별종의 이슬인 핏방울을 만나

걷잡을 수 없는 흥분에 풀은 불그레했습니다

아무도 당신을 사랑하지 않는 일은 일어나지 않는다

외로움이 그대를 죽이지 못하는 이유는 내가 아직도 그대를 사랑하고 있기 때문이다 외로움으로 사람이 죽어가는 것은 아무도 당신을 사랑하지 않는다고 중얼거릴 때부터이다 이 세상에 아무도 당신을 사랑하지 않는 일은 일어나지 않는다 나는 외로운 존재고 죽어가는 존재고 그대도 외로운 존재고 죽어가는 존재다 그러나 우리는 사랑하므로 외로운 존재가 되어야 한다 우리는 사랑하면서 죽어가는 존재가 되어야 한다

이 달에는 주여

주여 이 달에는 제법 살 만하게 하소서
하늘 쏘다니는 저 갈가마귀의 입에서 떨어진
잎새 하나로 내 앞뜰의 쓸쓸함이 위로 받게 하소서
비온 뒤라 선뜻 집 나설 생각 없지만 집 밖의
비 맞은 생명들이 살아갈 수 있는 방법에 자신을
가지게 하소서 확실히 지친 사람들이 더 많은 비를
맞고 당신을 찾는데 위로의 대명사여, 이 달에는
제법 살 만할 거라 속삭여 주소서 눈길대로 따라가지
못하는 가난한 발걸음들, 찬란한 골목에서 등 돌리고
편만하게 깔린 당신의 그림자에서도 빗나가
보는 삶이 삶의 전체가 아니다는 당신의 뜻이
왜 지극한 위로가 되는가 깨달을 듯 말 듯 하면서
외출화장을 한 기억이 까마득한 아내에게로 가는
저희들의 발걸음에 이 달에는 제법 살만하게
해주겠다고 속삭여 주소서 이 달만큼은 틀림없이
살만할 거라 소리쳐 주소서

2부

눈물

눈물은 물의 생애에서
어떤 계절일까
잠시 휴가 나온 걸까
철창을 찢고나온 해방자인가
육체의 샛강으로
어디로 가는 걸까
일생 흘린 눈물의 그램 수가
구원의 수치가 될 수 있을까

문득

문득
허공으로부터
그대 생각이 왔다

내 것이라고 주장할 수 없는
생각들이
문득을 앞장 세워
저기 오고 계신다

선인장

물을 바라는 마음의 물이
선인장을 키운다
마음의 물을 빼앗기지 않고자
햇빛과 승부를 겨누는 칼들인
저 선인장 가시들의 그늘께로 모이는
물들

오늘 내가 살아있다는 건 언제 누군가의 물이 되었다는 증거

나는 잔인함이다

나는 잔인함이다

나는 무엇 무엇하여 잔인하다가 아닌

통으로 잔인함이다 내가 바로 그 잔인함이다

내가 바로 그 하염없는 잔인함이다

소문으로만 떠돌던

그 잔인함이 바로 나다

자 이제 됐느냐 내 사랑이여

초봄

무無는 유有와의 전쟁에서 다만 씨익 웃을 뿐.

당신은 시간으로 말하면 새벽 세시부터 네시 사이.

네 개의 계절을 지닌 정신의 소유자인 당신만이 봄의 품에 씨앗을 맡긴 것.

새벽의 칼날 위를 지나간 발바닥에 베인 젊은 바람의 피로 물들어 가는 동백나무 꽃.

유有도 무無와의 전쟁에서 씨익 웃는다면 봄보다 더 큰 미소가 앞산을 넘어오는 게 보일 것이다.

비 오는 날

비 오는 날, 창밖은 모딜리아니의 초상화로 만원이다
그 중 여자의 팔짱을 낀 한 사내의 옆모습이 가장 모딜리아니적이다
이미 헤어질 준비를 굳히고 최후의 봉사를 결심한 표정이
비 오는 도시의 거리에서는 성자처럼 보일 수도 있다
그러나 안다 팔짱의 사내여
한때 내가 그대였으니
또한 누구도 그대를 욕하지는 못하리
한때 우리 모두는 모두에게 그대였으니.
비 때문에 웬일인지 반쯤의 목적은 중간에서 생략되고
그 나머지 미련이 섞인 목적은 빨라진다
인연이 반 쯤 생략되고
또 비를 피하는 저 빠른 걸음같이 날렵한 인연을 만나려면 서둘러야 한다
그러나 나는 서둘지도 않는다 중지된 인연 속에서 잠시 휴식을 취할
필요도 있다 오늘은 비와 창 그리고 여러 잔의 커피와
내가 말없이 도대체 무엇인가를 즐기고 싶다

너와 나

너와 함께 없었을 때도 난 너와 함께 있었다
흐린 날씨 때문에 그림자는 사라지지만
아주 다른 방법으로 자신의 주인과 함께하는 그림자처럼.

너가 잘 나가는 빛이었을 때
나는 빛을 더 밝게 해 줄 어둠으로 너와 함께 있었다
너가 캄캄한 어둠이 되어버려 아무도 너의 곁으로 갈 길을
찾지 못하고 있었을 때
나는 모든 빛의 어머니이신 새벽 다섯 시의 별빛으로 너
와 함께 있었다

너가 나를 필요 없다고 했을 때에도
나는 너와 함께 있었다 그때 나는
너와 나 사이의 가장 먼 거리에 있었다
그때 나는 너의 마음속에 숨어 있었다
너가 나의 이름을 부를 때까지
너의 마음속에서 울고 있었다
그러니
너와 함께 있기 위하여 어쩔 수 없이 신이 된 나를
미워하지 말아다오

번호 인간

비밀번호를 잊어 버렸지
처음에는 슬펐으나
나중에는 기뻤지

아내의 옷을 벗기던 번호
말썽많은 딸의 등록금을
꺼내주던 번호
내가 이 사회에 박아놓은
단 하나의 의자 뒤에
몰래 새겨진 번호

잊어버린 김에 떠나야겠네

번호없는 인간으로
번호없는 도시로

본다

일어나 본다 나는 가 본다 꽃은 길가에서 쓸쓸히 져
본다 비도 한 번 내려 본다 신문은 나와 본다 내 앞
에서 차는 서 본다 떠밀리듯 타서 내려 본다 괴물의
입 속으로 들어가 본다 피차 아는 사람들끼리 아는
체 해본다 12시 되어 본다 점심을 먹어 본다 쓸 데
상관없이 재잘거려 본다 서류 뒤척여 본다 가끔
하품해 본다 미스 킴 여기 커피 한 잔 해 본다
그러다가 어쩌다가 6시 되어 본다 어슬렁 나와 본다
해는 져 본다 맥주 마시고 비틀거려 본다 미워도
다시 한 번 불러 본다 부르다가 어느 어머니 자궁
같은 골목에서 쓰러져 본다 그때 누가 꿈 속인지
이불 속인지 이 자식이 웬 개뼈다귀야 말해 본다
그 와중에서 오늘 살아봤다고 생각해 본다

약간의 혁명

이불 하나 까는 것도 약간의 혁명이 필요하다

두 번째 입맞춤부터는 약간의 혁명이 필요하다

용서받고 돌아 온 날 약간의 혁명이 필요하다

간절히 원하는 대로 되었을 때도 약간의 혁명이 필요하다

그대에게 가는 길.
어떤 길을 가더라도 혁명의 길이다

이끼

색만 겨우 훔쳐 입고 도망쳐 온 이끼들아

이제 그만 집에 가자

초록의 어머니가
영원토록 기다리신다

일생 13

산다는 건 말이죠
누군가를 간절하게 부른다는 거죠
그렇게 부르다가 부르다가
목이 쉴 때 쯤이면
내게 주어진 시간도 쉴 때가 되는 거죠

녹슨 철문 앞에서

부식되어 가는 영원의 일기장
철문은 녹슬고 있었습니다
바스라질 것들을 떨어지지 않게끔 붙잡고 있는, 아직은 바스라질 수 없다는 존재들의 손아귀에 붙잡혀 있는 대기大氣.
태양만을 사랑했었고 언제나 그랬듯이 사랑이 그의 눈을 찔렀습니다
소멸할 장소와 시간이 필요해지면 가치를 부여받아 혈기 왕성한 존재들은 슬쩍 보는 것도 사양하는 법.
이 동네에서 가장 인기 없는 떠돌이 개가 녹슨 철문을 툭 툭 발로
차고 지나갑니다.

이 철문에 처음 하늘색 물감을 칠했던 소녀는.
소녀의 부푼 꿈은 뜻대로 다 이루어졌고 그것이 소녀를 죽였습니다.
가을 대기大氣에 사라지는 것들의, 거의 농담같이
너의 영원도 부식되고 있습니다.
철문은 조금씩 사라져 갔습니다
아침저녁, 그리고 이 땅에서 가장 깊이 운 자의 꿈이 이루어졌던
밤에도 쉬지 않고 사라졌습니다

아침저녁으로 녹슨 철문 앞을 지나는 동안 나도 황혼과 함께 조금씩 사라지고 없어졌습니다

나이

나이가 든다는 건
내가 나쁜 놈이라는 걸
아는 사람들이 많아진다는 거

내가 나쁜 놈이라는 걸 알면서도
입 다무는 사람들이 많아진다는 거

어느 가을 날 오후 4시쯤의 구름

어느 일생의 마음의
이삿짐

끈 맬 것
도 없
는

어떤 사랑

목에 걸린 사탕.

사탕이 다 녹을 때까지 저는 숨 쉴 수 없었습니다

이 달콤한 숨막힘.

그대는 제게 이렇게 걸려있었습니다

비상구

저는 당신의 비상구가 되겠습니다
더 이상 달아날 곳 없는 당신의 마지막 문이 되겠습니다
오랫동안 어떠한 용도로도 쓰임 없이 당신을 기다려 왔습니다
처음엔 당신 사랑의 문이 되고져 하다가
기다림의 오랜 문도 되었다가
증오로 출입금지 된 문이 되기도 하다가
머언 황야로부터 지친 육신을 이끌고 당신이 오신다는 소식에
잠에서 깬 듯 몸을 가다듬고
이제는 초라한 비상구가 되어 당신을 기다립니다

당신

당신에 대한 생각은 이미 생각의 조건을 상실했습니다 저 또한 당신의 생각에 저를 빌려줄 뿐,
아무 권리도 없습니다
끝없는 바다에 고기 한 마리 뛰놀 듯
사랑의 바다에 저의 생각은 철 없습니다
사랑이란 나의 생각이 없어져 당신의 생각이 되는 것이라 믿습니다

3부

생

뚜껑을 잃어버린
사인펜입니다

자잘한 서두 없이
사랑한다 사랑한다 사랑한다
고만 쓸
휘발성 잉크만
쬐금 남아 있는

쓸쓸한
사인펜입니다

불멸의 한때

식빵 냄새나는 봄날 아침.
이 불멸의 한때에 내 존재한 즐거움.
멸망을 억제하는, 안개처럼 사소한 것들을 사랑한
마음
혼자 쓸쓸히 어디로 갔을까.

우유 냄새나는 겨울 저녁 여섯시.
이 불멸의 한때에 내 존재한 즐거움.
멸망을 억제한 그 칼날의 우리 사랑은
그때 어느 쪽 길로 갔을까

이 불멸의 한때에

눈동자

우체통은
그대 눈동자 속에 있었습니다

나는 날마다
그 우체통에
편지를 넣었습니다

가을

가을 공기는 약입니다

주머니 달린 옷들을 벗고

사랑하는 사람들끼리

칼잠을 자고 싶습니다

등 뒤에서

귀 열린 운명이 되고 싶습니다

인도산 물고기

작은 와인 잔에 인도산 물고기 두 마리를 키웠습니다 둘은 매일 싸웠습니다

좀 더 넓게 자고 싶었을 것입니다

어느 날 한 마리가 죽어서 둥둥 떠올랐습니다

남은 한 마리는 넓은 와인 잔 속에서 편안히 잠들었습니다 뛰어 놀았습니다

며칠 후

남은 한 마리는 와인 잔이 태평양 한 가운데라는 걸 알았습니다

가도 가도 끝이 없다는 걸 알았습니다

끝을 알게 해 준 사랑은 이제 없었습니다

며칠 후

그도 죽어서 둥둥 떠올랐습니다 한국 땅에서는 이들 인도 물고기의 먹이를 먹을 수 있는 물고기는 없었습니다

입술을 닦던 내프킨에 급하게 쓴 詩

행복이 저기 저 혼자 뚜벅 갑니다

줄지어 선 키 큰 가로수 밑으로

사람들은 책을 들고 가방을 들고

어떤 여자는 자기의 머리를 들고 지나가지만

행복과는 아는 사이가 아닌 모양입니다

환장

사랑받고 싶어 환장할 때
비로서 없음이 되는 것입니다

없음이 되고 싶어 환장할 때
졸지에 있음이 되는 것입니다

다 환장해야 되는 것입니다

다리 잘린 게

다리 잘린 게가 도망가다가 문득 멈춰 서서 나를 봅니다
막 영혼에 눈 뜬 베드로 눈 같습니다
내게 잡혀 펄펄 끓는 물에 담기고 삶기는 게
뭐 그리 나쁜 거 아니지 않느냐고 퉁명스레 되묻고 있습니다
재빨리 달아나 바위 뒤편에 몸을 숨긴 게들처럼
다시 최선을 다하여 도망가다가
문득! 제 황망한 뒷모습을 마음의 등 뒤에서 본 것 같습니다
일생동안 나는 그걸 몇 번이나 보았을까

텐트 속에는
게 잡으러 간 나를 기다리는 게들이 있습니다

섬들

조심해라

어둠을 틈타

대륙을 정복하려드는

야망에 몸서리치며

잠도 자지 않는

저 반란군 새끼들을

단 하나의 빛

여기에 우리가 알고 있던 하나의 빛
가을의 낮은 동산으로 불어오던 바람으로 수천만년의
生을 목욕시킨 하나의 빛
반짝이던 차돌이었던 一生
발길에 채이고 또 발길에 채이고 하였건만
여기
우리가 사랑했던 단 하나의 빛, 당신.

오고 가는 이유

1.

낙엽이 지네

우리의 인생이 허무하지 않았으면 좋겠네
사랑하는 사람은 그리워
그리운 사람은 늘 먼 곳에 있네
먼 곳에 있지 않는 이는 사랑하기로 하세

오랜만에 하늘은 눈을 다 뜨고
부끄러운 나머지 해만 겨우 가리는 구름 한 자락
오랜만에 두 팔 활짝 편 대지는 부끄러워
자기의 열매에 몸을 숨기는
가장 위의 세계와
가장 아래 세계의 겹허는 아름다우네

고독할 겨를이 없는 것이 인생이여
삶이란 이 순간 정리해야 만이
생명과 기억처럼 싱싱해지네

2.

낙엽이 지네
자기를 위하여 꽃을 꺾지 않는 인생은
꽃보다 아름다운 영혼에 흐르는 물소리를
들은 적이 있네
그 소리는 결코 혼자서는 들을 수 없네
가을은
사람의 사랑과
사랑의 사람을 자기의 열매로 알고 살아왔네
인생들의 그분처럼

3.

낙엽이 지네
그리워한다고 쉽게 가고
쉽게 오지 못하는 이 세상사에
가을은
그리워하기 전에 오는
이국의 나그네
첫 날 밤을 채 묵지 못하는 가여운 양심이여

>

꺾어온 꽃은 시들고
다시는 가지 못하는 길에 두고 온 꽃은
영원히 시들지 않네

봄이 오고 여름이 와야 이 계절이 오듯
우리가 와서
우리가 우리에게로 가는
여기는 도대체 어디쯤의 길목일까
이 어리석은 질문에
낙엽은 말하네
여기 바로 이 순간이라고

4.

오는 것은 다 이유가 있네
가는 것은 다 변명이 있네
가을이 와서 가는 이유는
사랑의 이유를 남기기 위한 것이네

낙엽을 사랑하세
져서 뒹굴다 아무도 모르는 시간과 장소에서

아무도 기다리지 않는 낙엽을
사랑하세
인생을 사랑하세
사냥꾼을 본 적이 없는 사슴의 눈,
그 순결의 눈으로
인생의 둘레를 힘 있게 사랑하세

지금도 낙엽은 지는데,
가을은 일체를 뒤 따라 가는 중인데
무슨 미련이 남아 자꾸만 자꾸만
뒤돌아 보네

사랑한다는 말

우리가 이 음식을 먹는 이유는
사랑한다는 말을 할
열량이 필요했기 때문이다

우리가 이 공기를 마시는 이유는
사랑한다는 말을 할
폐활량이 필요했기 때문이다

사랑한다는 말을 하지 않아도
사는 덴 지장이 없다

단지 살아있는지 죽어있는지
늘 모른채 산다는 것이다

두부같은

칼날에도 상처가 있는데

두부같은 인간에겐 얼마나 많은 상처가 있겠습니까

인간은 그 상처에 연고를 발라 줄 사람을

일평생 찾고 다니는 것입니다

진짜 죽음

살아있으면서도 사랑하지 않는 것

이게 진짜 죽음이다

일생

먼지들도 외롭다고 뭉쳐서 살더라
외롭고 그립고
외롭고 괴롭고 하다

이봐라
일생 다 가더라

안전밸트

나는 그대의 안전벨트가 되고 싶습니다 적막의
고속도로를 달리는 차 속에서
외로워 떠는 그대의 갸날픈 허리에 말할 수 없는
의지가 되고 싶습니다
그대의 허리와 골반을 편안하게 해줄 의자가 아니므로 그대 평화로울 때
나는 환영받지 못합니다 긴 여행의 목을 달래는
한 잔의 물이 아니므로
그대 상쾌할 때 나는 사랑받지 못합니다
또한 그대의 불행에서부터 나의 의미는 시작하므로
언제나 미안한 마음이지만 그대의 불행에 동참할
준비가 기꺼이 되어 있습니다
외로움을 뒤흔드는 모든 불순한 섭리로부터 그대와
함께 나뒹굴 각오가 되어 있습니다

나의 존재는 오직 그대를 위한 것입니다

구원

수많은 수줍음이 그댈 구원할 거다

간혹 그댈 용서하지 못한 사람들이 그댈 구원할 거다

아름다움이면 다 면죄부를 발행해야 하나

아름답지도 추하지도 않는 단순무식한 것이 그댈 구원할 날이 올거다

이리저리 재고 했던 사랑이 그댈 구원하러 올거다

일생은 길다

일생은 길고도 길다

억겁으로도 만나지 못한 천금 같은 그대를

이 생에서 만났으니까

품

산다는 것이 결국

품 하나 가지자는 것 아닌가

그 품 다 닳을 때까지
미움보단 사랑에 한 표를 던지자는 것
아닌가

그 품 다 닳아 고아처럼 남겨진 허공을
만지작 만지작 거리자는 거 아닌가

암보다 무서운 거

암보다 무서운 건
사랑에 허기진 거
암보다 무서운 건
죽음이 두렵지 않자
불현듯 삶이 두려워 진 거
암보다 무서운 건
외로움과 기다림이 한 식구가 되는 거
암보다 더 무서운 건
그대 없이도 잘 살 수 있다고 착각한 거

4부

당신

아무 것도 가진 것 없는 나를 사랑하는 당신은
이미 모든 것을 가진 사람입니다

아무 것도 모르는 나를 사랑하신 당신은
이미 모든 것을 다 아신 사람입니다

내가 당신입니다 하고 말하면
나는 신이 됩니다

아무 것도 없고 아무 것도 모르는 아름다운 신이 됩니다

여름 비 소리 속의 소리

여름 비 소리에 귀 기울이면

어느 가을,

사과 익어가는 소리 들립니다

이 땅에서 필요한 순수의 소리 저렇게

미리미리 갖다 놓는 것입니다
누군지 아무도 모르지만

가방

잠시 졸고 있는 사이 누군가 내 가방을 훔쳐갔습니다 그 속에 돈이 가득 들어서 그를 쾌락의 길로 인도하지도 못 할 것이며 그 속에 경經이 들어 구원의 길로 인도하지도 못 할 것입니다 내가 그 속에 무엇을 담아 두기를 원했던가라는 부끄러움이 가방 대신에 앉아 있었습니다

밥알

그릇에 수북히 쌓인 밥알들을 보면
어디로 튈지 모르는 수 만개의 럭비공이 쌓여 있는 거 같습니다
일생 내가 먹었던 밥알들이
어디로 튈지 모르는
내가 먹었던 생각들의 개수와 비슷하지 않겠나 싶습니다

죽일까요 죽을까요

천장에서 내려오고 있는 조그만 거미를 보며
네 살짜리 막내 딸애는

아빠 내가 죽을까요
그럽니다

그러면 나는 이렇게 말해주고 싶어
마음이 간지럽습니다

그래 그런 마음가짐으로 이 세상을
산다면 별 어려울 것도 없으리라

진눈깨비

아무 생각없이
진눈깨비 뛰어 내립니다
무슨 생각을 했더라면
눈이나 비가 되었을 겁니다

예를 들면 비는 바위라도 뚫어야겠다는
생각이고
눈은 더 아름다워져야겠다는
생각이고

나도 아무 생각없이
너에게로 뛰어내려
개박살이 나고

행복

아무 것도 아닌 것들과 텅빈 것들이 만나서

행복을 만드느라 고생이 많았구나

아무 것도 아닌 것들을 무시하고

텅빈 것들을 경멸하느라

우리들은 개고생을 했는데 말이죠

기다림

기다린다고 무조건 오는 게 아닙니다

어떤 기다림이던

영원히 다시 오지 않을 가능성이 있는 겁니다

만남은

그대가 그 기다림을 얼마나 사랑했냐에

달려있습니다

서울 가을

좀 있으면 공사비 한 푼도 받아내지 못 할 거면서 노란은행잎은 황금빛 주단을 깔아 주리라 좀 더 있으면 배달비 한 푼도 받아내지 못할 거면서 첫눈은 우리들의 지붕위에 하얀 털모자를 씌어주고 가리라 그러나 너무 미안해할 건 없으리 오래전 누군가가 여기에 합당한 값을 이미 치루었다는 걸 알게 되리라 이제는 내 차례가 되었다는 걸 알게 되리라

겨울
— 붉은 우체통 앞에서

만남의 편지의 어깨에 머리를 파묻고 있는 이별의 편지의 꿈속에서 별빛 같은 그대를 찾으리라 누가 먼저 일어나서 새벽의 낙엽 위에 바다였던 한순간의 사랑을 기록하려하는가 저녁이 오면 우리는 이들의 자식들을 길거리 어디에서고 보게 되리라 돌멩이 같은 게 목숨이라면 다 닳아 없어질 때까지 너를 부비며 살고 싶은데,

붉은 우체통이여 붉은 정류장이여.

낙엽들은 부치지 못한 편지들의 우표라도 되고 싶었을 것이다 나는 붉은 우체통을 껴안으며 그대를 생각한다 미움이여 사랑을 용서하라 헤어짐이여 만남을 용서하시고 나와 함께 겨울 별 따뜻한 언덕으로 가자 나에게 목도리를 사 주었던 여인이 이제 다른 사람의 목도리를 사러 간 것을 안다 이것이 인생이라는 것을 세상은 울 일과 사랑할 일 밖에 남아 있지 않다

붉은 우체통 옆 가로수 밑에서 나는 길 건너 겨울나무가 간밤의 눈으로 옷을 만들어 입고 사랑을 위하여 죽어가는 걸 본다 우리가 누군가에게 편지를 부치는 이유는 영원히 잠들지 않기 위해서이다 나는 이제 붉은 우체통을 떠나 겨울 언덕에 올라가서 영원히 잠들지 않기 위해서 그대의 이

름을 부른다

　붉은 우체통, 붉은 눈동자여

강

하늘에 가서야 하늘의 것을 말하고 땅에서는 땅의 것만 이야기하자

하늘의 꽃향기는 하늘에 가서 실컷 맡고 땅에서는 비록 시들지만 땅의 꽃을 귀여워하자

땅의 슬픔은 되도록 땅에서 위로 받도록 너무 쉽게 하늘의 위로를 말하는 자들을 따라가지 말자

땅에 입 맞출 수는 있어도 하늘에는 입 맞출 수도 없으며

땅은 하늘처럼 쉽게 눈물 흘리지 않으며 사람들의 눈물을 고이 받아 스며준다

그리하여 저 거대한 땅의 눈물인 강을 보아라

그 강에 발을 담구고

땅의 튼튼한 심장소리를 들으며 아직은 하늘을 믿지 않아도 살 수 있다고 자신 있게 이야기 하자

꽃

이 땅이 천국이었다는 증명서류를
누군가가 꾸겨놓고
또 다른 누군가가 막 펴고 있는 중

왜 사느냐 묻거든

왜 사느냐 묻거든

나뭇잎은 바람에 흔들린다 말하지요

왜 사느냐 자꾸 묻거든

나뭇잎은 바람에 흔들린다 말하지요

왜 사느냐 그래도 또 묻거든

나뭇잎은 바람에 흔들린다 말하지요

왜 사느냐 지겹도록 묻거든

바람은 나뭇잎에 흔들린다 말하지요

가을 오후의 바보

장미의 뿌리는
장미꽃이 필요한 물을 올려 줄 때와
장미가시가 필요한 물을 올려 줄 때와
같은 애잔한 마음일까 하는 이 평범한 궁금증.
장미가시가 찔러 아프다고 괴로워하는 건 오직 인간뿐.
나도 그 괴로움에 눈 뜨는 인간으로 궁금해 하는

어느 가을 오후의 바보

비

비내립니다 나도 내립니다 그대도 내립니다 다 내립니다 아 다 비 내립니다 다시 비 내립니다 다시 나도 내린다 다시 그대도 내립니다 다시 다 내립니다 아 다시 다 비 내립니다 또 비 내립니다 또 나도 내립니다 또 그대도 내립니다 또 다 비 내립니다 아 또 다 비 내립니다 아 또 다시 다 비 내립니다 내리고 내리다 보면 여태껏 내가 가장 높이 올라간 바로 그 자리

그리움

핏줄 속으로

풋사과

몇 개

데굴데굴

굴러다닌다

하늘

하늘이 높은 이유는
너무 높아서 나는 모른다
하늘이 먼 이유는
너무 멀어서 나는 모른다
하늘이 저렇게 푸른 이유는
너무 푸르러서 나는 모른다
저런! 사랑하고픈 그가 떠난다
그를 위하여 하늘을 두던 세월이 운다
돌아오는 길에 하늘을 보았지만 우리는 하나도 겸허하지 않는다
곧은 목으로는 땅보다 더 낮게 내려온 하늘의 이유를 알 수 없다

저 하늘을 그 갈매기가 난다

멸치

자 이제 네 정체를 밝히렸다! 어디서 와서 어디로 가고 있는 중인지를

일생

마늘을 갉아먹는 이름 모를 벌레의 살아가는 힘으로 사랑을 하고. 붉은 고춧가루 속에서 알을 까고 나오는 이름 모를 벌레의 살아가는 힘으로 이별을 하고. 그리고 어느 날 마늘과 붉은 고춧가루를 합친, 그토록 매운 그리움의 나날들을 뚫고 가야 하리라

해설

사랑의 분광

김대현 문학평론가

사랑의 분광

김대현 문학평론가

살아 있으면서도 사랑하지 않는 것
이것이 진짜 죽음이다
—「진짜 죽음」

1.

삶을 재현하는 것은 시인이 되고자 하는 사람의 숙명인지도 모른다. 지금 여기, 그가 서 있는 연원이 그의 삶 속에 오롯이 담겨 있기 때문이다. 그는 신체에 새겨진 다양한 기억과 감정을 통해 삶이 가지는 본질을 언어로 구현하려는 욕망을 가진다. 그가 고통과 기쁨을 말하고, 희망과 절망을 말하는 이유다. 하지만 그의 시도는 곧 절망에 이른다. 삶이라는 복잡계는 무질서하고 중층적인 의미를 가진 것으로서 제한된 언어로 그 어느 것을 말한다 해도 자신의 본질을 쉽사리 내어주지 않기 때문이다.

저 두툼한 생의 사전
펼쳐보니 사랑뿐이구나

사랑의 반대말도
사랑이구나

—「몸」 전문

그래서 생의 어떤 순간에는 반드시 사랑을 말해야 하는 시간이 온다. 그는 사랑 이외의 것은 말하지 못한다. 이는 그 사람이 사랑 이외의 다른 말을 알지 못한다는 것을 의미하는 것은 아니다. 사랑에 눈을 뜬 사람은 그가 하고자 하는 모든 말과 그의 모든 감정이 사랑에서 기인하고 있다는 걸 깨닫고 있다. 사랑이 아니면 모든 것이 무의미해지는 시간들. "사랑의 반대말도 사랑이구나"라는 인식 또한 이와 다르지 않다. 사랑이란 생이 주는 모든 것을 내포하고 있는 것이다.

뚜껑을 잃어버린
사인펜입니다

자잘한 서두 없이
사랑한다 사랑한다 사랑한다
고만 쓸
휘발성 잉크만
쬐금 남아 있는

쓸쓸한
사인펜입니다
—「생」 전문

조성화 시인의 모든 말이 사랑으로 수렴하는 이유다. 그에게 주어진 삶의 시간은 그리 길지 않다. 장대한 우주의 역사에 비하면 언제 사라질지도 모르는 "휘발성"의 시간에 지나지 않는다. 그러므로 시인에게 생은 다른 어떤 것보다 "사랑한다"라는 말을 쓰기에도 벅찬 시간이다. 그밖의 다른 것은 사랑에 비한다면 사실 "자잘한 서두"와 다르지 않다. 시인이 "음식을 먹는 이유" 나 "공기를 마시는 이유"도 마찬가지다. 생의 한가운데에서 그가 행하는 모든 언행은 단순히 생존을 위한 수단이 아니라 "사랑한다는 말을 할"(「사랑한다는 말」) 동력을 얻기 위한 것에 지나지 않는다.

그러나 사랑이 삶의 모든 것이라 말하는 것에는 분명히 어떤 난점이 있다. 개념의 내포와 외연은 언제나 반비례 관계에 있기 때문이다. 사랑이 가진 외연의 확장은 필연적으로 내포의 축소를 가져온다. 모든 것이 사랑이면 아무 것도 사랑이 아닌 것과 같은 것이다. 이렇다면 삶은 언제나 동어반복이다. 이것이 사랑이라고 단언하는 사람을 쉬이 믿지 못하는 이유다. 하지만 그렇다고 해서 사랑이 작용하는 것을 사랑이 아닌 것이라 할 수도 없는 것이다. 시인의 고민은 이 지점에 있다.

그러므로 시인이 할 수 있는 건 그저 자신이 알고 있는 사랑의 다른 양상에 대해 다르게 이야기하는 수밖에 없는 것이다. 각각의 사랑이 가진 고유의 색, 형상들과 이에 기인하는 다양한 차이들. 근본적으로 같으면서도 조금씩은 다른 사랑의 형식을 다룬 시인의 이번 시집을 사랑의 분광이라 부를 수 있을 것이다.

2.

사랑에 대해 이야기하기 전에 먼저 우리의 삶이 어떠한 기전으로 구성되어 있는지 이야기하자. 사실 그리 이상한 주문은 아니니다. 앞서 언급한 바와 같이 시인의 세계에서 삶과 사랑은 동치이기 때문이다. 사랑은 삶속에서 이루어지고 삶은 사랑으로 구성된다. 그러므로 삶의 기전을 규명하는 것은 사랑의 기전을 규명하는 것과 다르지 않다.

여름 비 소리에 귀 기울이면

어느 가을,

사과 익어가는 소리 들린다

이 땅에서 필요한 순수의 소리 저렇게

미리미리 갖다 놓는 것이다

누군지 아무도 모르지만

—「여름 비 소리 속의 소리」 전문

삶을 규율하는 기전이 우연인가 필연인가의 문제는 인류사의 오래된 논쟁거리 중 하나이다. 우연과 필연의 차이는 조금은 느슨하게 정리하자면 이렇다. 우연은 하나의 사건 뒤에 다른 사건이 '연달아' 일어난 것이며 필연은 하나의 사건으로 '인하여' 다른 사건이 발생하는 것을 의미한다. 조금은 사소한 차이로 보이는 이 두 관점은 사실 세계와 그 안에 거주하는 우리 자신의 존재의 의의와 관련이 있는 매우 중요한 문제에 해당한다. 세계가 우연한 고립된 사건으로 구성되어 있다면 우리의 존재 또한 다른 사건과 무관하게 독립한 존재이며 우리는 우리 자신으로서 존재한다. 하지만 사건들이 필연적으로 연쇄된 세계에서 우리는 세계를 구성하는 또 다른 존재들과 상보적으로 존재하며 서로의 존재 이유를 서로에게 유보하고 있는 것이다. 그렇다면 인용한 시를 통해 시인이 세계를 바라보는 태도가 어느 쪽에 있는지 살피는 것은 이제 어렵지 않다.

여름에 내리는 비는 어떤 청량함이 있다. 끈적한 도심의 열기와 탁한 먼지를 씻어내기도 하지만 신록을 갓 지난 숲의 초록을 더욱 무성하게 하기도 한다. 그래서 시인은 "여름 비 소리" 속에 숨어 있는 또 다른 소리를 듣기도 한다. "어느 가을/ 사과 익어가는 소리"가 그것이다. 그러므로 시인의 세계에서 가을은 여름과 독립하여 분리된 사건이 아니라 여름이 예비한 수확의 계절에 해당한다.

> 좀 있으면 공사비 한 푼도 받아내지 못 할 거면서 노란은행잎은 황금빛 주단을 깔아 주리라 좀 더 있으면 배달비 한 푼도 받아내지 못할 거면서 첫 눈은 우리들의 지붕위에 하얀 털모자를 씌어주고 가리라 그러나 너무 미안해할 건 없으리 오래전 누군가가 여기에 합당한 값을 이미 치루었다는 걸 알게 되리라 이제는 내 차례가 되었다는 걸 알게 되리라
>
> —「서울 가을」 전문

그렇다고 해서 가을이 마냥 여름에 빚을 지고 있는 것은 아니다. 가을은 다가올 겨울을 위하여 아무런 공사비 없이 "황금빛 주단"을 거리에 펼친다. 겨울 또한 마찬가지다. "첫 눈은 우리들의 지붕 위에 하얀 털모자를" 준비한다. 그렇다고 "너무 미안해할" 필요는 없다. 이미 오래전 누군가가 "합당한 값을 이미" 치렀기 때문이다. 그가 바로 "봄의 품에 씨앗을 맡긴"(「초봄」) '당신'이다. 부분은 전체를 구성하며 독립적으로 보이는 작용은 세계 안에서 상보적으로 연동되어 있다. 그 안에서 우리는 필연적으로 관계를 구성한다.

> 너 죽고 나 죽자는 식의 피 빨기는 없을 것입니다
> 이걸 깨달은 사람은 모기소리는 자장가처럼 들립니다
> 너 죽고 나 죽자는 식의 삶이 얼마나 무모한가 알게 됩니다
> 사는 동안에도 가야 할 연습을 게을리 하지 말아야겠다는 걸 깨달습니다
> 아버지 지금 내 팔에 앉아 편안히 잠든 모기들을 제발 건드리지 마세요
>
> —「다시 모기에 대하여」 부분

그러므로 모든 존재하는 삶은 공모관계에 해당한다. 삶은 외로된 개념이 아니다. 그것이 설령 내가 바라지 않는 "모기"와 같은 존재라 하더라도 마찬가지다. 필연으로 연결된 관계의 그물 속에서 존재하는 모든 것은 "너 죽고 나 죽자는 식의 삶이" 아니라 모두 각자의 자리에 있어야 하는

것이다. 삶이 그렇다면 사랑 또한 다르지 않을 것이다. 우리의 삶 또한 필연적으로 누군가와의 관계를 필요로 한다. 우리가 삶 속에서 아무리 상처를 입고 피 흘리면서도 마지막까지 자신의 "상처에 연고를 발라 줄 사람을"(「두부 같은」) 찾는 이유이기도 하다.

3.

모든 것이 사랑으로 연결되어 있다면 삶은 무척이나 아름다운 것으로 보인다. 하지만 이는 삶에 대한 우리의 경험칙과는 분명히 다른 점이 있다. 삶은 생각보다 그리 아름답지 못하며 사랑을 찾지 못하는 사람들은 도처에 산재한다. 삶에 대한 시인의 시각과 우리의 인식 사이에 차이가 생겨난 까닭은 무얼까. 이유는 어렵지 않다. 사랑이 가진 투명하지 못함이 그 원인이다. 사랑이 형성되는 우리의 인식은 소박하다. 나의 언어가 그에게 닿고 그의 화답이 나에게 올 때 사랑은 완성된다. 하지만 과연 그런가?

비 오는 날, 창밖은 모딜리아니의 초상화로 만원이다
그 중 여자의 팔짱을 긴 한 사내의 옆모습이 가장 모딜리아니적이다
이미 헤어질 준비를 굳히고 최후의 봉사를 결심한 표정이
비 오는 도시의 거리에서는 성자처럼 보일 수도 있다
그러나 안다 팔짱의 사내여
한때 내가 그대였으니
또한 누구도 그대를 욕하지는 못하리

한때 우리 모두는 모두에게 그대였으니.

—「비 오는 날」 부분

비 오는 날 거리는 사람들로 분주하다. 여자는 사내의 팔짱을 낀다. 아마도 잠시 후 예정된 즐거운 시간을 기다리고 있을 것이다. 사내 역시 무언가를 준비한 듯 단단히 벼르고 있는 것으로 보아 여자의 마음은 더욱 즐겁다. 하지만 사내의 마음은 다르다. 그가 벼르고 있는 것은 예정된 이별을 앞둔 사람을 위로하는 "최후의 봉사"이다. 그와 그녀의 언어는 분명히 서로를 향해 발화되고 있지만 각자의 진의로 다가가지 못하고 어긋나기만 한다. 각자가 바라보는 인식과 실재가 다르다는 점에서 이는 그야말로 "모딜리아니적"이다. 하지만 이러한 풍경이 그들에게 특유한 것은 아니다. 자신의 진의를 숨긴 사내의 모습은 오래전 '나'의 모습이고, 어긋남 속에 자리한 그들의 모습 또한 우리 모두의 옛 모습인 것이다.

그리고 어쩌면 사랑과 이별이라는 특수한 형식은 이 어긋남에서 기인할지도 모른다. 투명한 언어는 서로의 진의를 전달하는 데 적합하지만 평면적이라는 점에서 그 이상의 의미를 주지 않는다. 하지만 어긋남은 다르다. 어긋남은 (서로 다른 방향에서 시작된 발화가 충돌하며 미끄러짐으로) 필연적으로 의미의 두께를 가진다. 그러므로 어긋남 속에서 서로는 각자에게 새로이 주어진 의미의 층위를 탐색하며 더욱 밀도 있는 관계나 아니면 파탄으로 가는 길로 향하는 것이다.

행복이 저기 저 혼자 뚜벅 갑니다

줄지어선 키 큰 가로수 밑으로

사람들은 책을 들고 가방을 들고

어떤 여자는 자기의 머리를 들고 지나가지만

행복과는 아는 사이가 아닌 모양입니다

—「입술을 닦던 내프킨에 급하게 쓴 詩」 전문

이 시는 행복을 보고도 그 뒤를 쫓지 않는 사람들의 풍경을 그린다. 자신을 쉽게 찾지 못하게 하기 위해 스스로를 은폐하는 여타의 전승과 달리 시에서 행복은 자신의 모습을 투명하게 드러낸다. 하지만 사람들은 아무도 행복을 알아채지 못하고 자신의 길을 걸어 갈 뿐이다. 오직 시인만이 그 광경을 안타까워하고 있을 뿐이다. 그러나 이러한 독해는 무언가 중요한 지점을 누락하고 있다. 시인은 행복을 알고 있지만 시인 역시 행복을 알은 척하는 대신 다른 사람들처럼 자신의 시를 쓰는 것에 몰두하고 있는 것이다. 이는 다른 사람들 또한 시인과 같이 행복을 알고 있지만 행복을 따르지 않는다는 추측을 가능하게 한다. 그렇다면 행복을 보고도 왜 아무도 행복을 따르지 않는 것일까. 여기에는 앞서 말한 바와 같이 투명함이 주는 식상함이 있다. 너무나 명징한 투명함은 그를 경험하지 않고도 쉬이 사람을 진부하게 하는 것이다. 시인이 행복을 따르지 않고 그 시간에 시를 쓰는 이유도 마찬가지다. 삶과 사랑의 본질을 밝히는 것은 산문의 명료한 언어가 아니라 불투명한 시의 비의에 있는 것이다.

4.

이 시집에서 눈에 들어오는 또 다른 사랑의 양상은 기다림이다. 누군가를 기다린다는 것은 기다리게 하는 자 일방의 의사에 유보되어 있다는 점에서 순수한 수의조건隨意條件에 해당한다. 기다리는 사람의 의지는 그가 바라는 결과에 아무런 영향을 미치지 못한다. 그래서 기다림은 능동이 아니라 언제나 수동의 형식을 가진다. 기다리는 사람이 할 수 있는 건 오랜 불안의 시간에 자신을 가두고, 만남이라는 미래 어느 시점의 불투명한 결과를 기도와 같은 주술의 형식으로 기원할 수 있을 뿐이다. 이는 기다리는 사람에게 너무나 열악한 지위를 가지게 한다는 점에서 법적으로 어떠한 효력도 가지지 않는다. 따라서 기다림을 언제 중단하더라도 기다리는 자는 어떠한 사회적 비난도 받지 않는다.

기다린다고 무조건 오는게 아닙니다

어떤 기다림이던

영원히 다시 오지 않을 가능성이 있는 겁니다

만남은

그대가 그 기다림을 얼마나 사랑했냐에

달려있습니다

—「기다림」 전문

하지만 이 모든 언술에도 불구하고 시인은 "기다린다고 무조건 오는 게 아닌" 이 터무니 없이 불평등한 지위를 기꺼이 삶의 조건으로 수인한다. 그가 "영원히 다시 오지 않을 가능성"이라는 비참한 결과에도 불구하고 이 부조리한 지위를 자처하는 까닭은 무얼까? 여기에는 분명한 이유가 있다. 이는 시인이 사랑이 다른 개념에 선행하여 주어진 것이 아니라는 것을 인지하고 있기 때문이다. 요컨대 시인이 생각하는 사랑이란 조급함에 굴하지 않고 기다림이라는 혹독한 제련의 과정을 거친 후에야 비로소 얻어질 수 있는 과실이라는 이야기다. 다시 말해 사랑이란 기다림이라는 인고의 시간을 견뎌낸 후, 아니 단순히 견뎌내는 것이 아니라 심지어 그 시간을 "얼마나 사랑"했냐에 따라 비로소 발견할 수 있는 것이다. 다른 이에겐 흔해 빠진 것처럼 보이는 사랑이지만, 시인에게 있어 사랑이란 사실 이렇게 지순한 과정을 겪은 후에야 나타나는 삶의 형식인 것이다.

저는 당신의 비상구가 되겠습니다
더 이상 달아날 곳 없는 당신의 마지막 문이 되겠습니다
오랫동안 어떠한 용도로도 쓰임 없이 당신을 기다려 왔습니다

처음엔 당신 사랑의 문이 되고져 하다가
기다림의 오랜 문도 되었다가
증오로 출입금지 된 문이 되기도 하다가
머언 황야로부터 지친 육신을 이끌고 당신이 오신다는 소식에
잠에서 깬 듯 몸을 가다듬고
이제는 초라한 비상구가 되어 당신을 기다립니다
—「비상구」 전문

사랑의 본령이 기다리게 하는 사람이 아니라 기다리는 사람에게 있는 까닭도 여기에 있다. 기다리는 사람은 기다리는 대상의 처지에 신경을 쓰지 않는다. 그가 관심을 가지는 것은 오롯이 자기 자신에 국한된다. 사랑에 빠진 사람이 상대의 차림이 아니라 거울 앞에서 자신의 차림을 수시로 검토하는 이유도 마찬가지다. 이는 그들이 이기적이라는 이야기는 아니다. 그들의 사고체계에서 관계의 변수는 상대에게 있는 것이 아니라 오로지 자신에게 내재하고 있다. 그들이 상대를 사랑하고 기다리는 것은 언제까지나 변하지 않는 상수常數이기 때문이다. 그들은 자신이 욕망하는 대상에게 무언가를 바라기 보다 자신이 그들에게 무언가가 될 수 있기를 바란다.

그래서 "당신의 비상구가 되겠습니다"는 진술은 기약 없는 기다림 속에서 기다림을 사랑하며 흔들리지 않겠다는 하나의 다짐처럼 들린다. 이는 기다리는 사람이 기다림에 조건을 걸지 않겠다는 선언과 다르지 않다. 기다리는 사람은 처음에는 환희로 가득찬 "사랑의 문"이 되기를 꿈꾸기

도 했고, 때로는 그래도 오랜 기간 오지 않는 사람을 기다리다 절망과 "증오"로 가득찬 문이 되기도 했었다. 하지만 그는 곧 깨닫는다. 기다리는 사람에게 중요한 것은 기다리는 대상의 귀환여부이지 그가 언제 어디서 어떤 모습으로 돌아오는지 여부는 고려사항이 아닌 것이다. 기다림의 상대에 대한 조건이 붙는 순간 그것은 반대급부를 예정한 것으로써 진정한 기다림도 사랑도 아니다. 진정한 기다림이란 몰락한 자를 위한 것, 그가 빛날 때를 기다리는 것은 사랑이 아니다. 그러므로 시인의 사랑이란 가장 낮은 자리에 자리한 자가 언제 찾아 오더라도 그를 맞이하고 환대할 "비상구"를 예비하는 것이지 입신한 자의 영광을 드높이기 위한 개선문은 아닌 것이다. 사랑이 숭고한 건 이러한 이유이다.

5.

그러니 마지막으로 정리하도록 하자. 누구나 한 번쯤은 극한의 고독을 맞이하는 시간이 온다. 아무도 보이지 않는 심연에 홀로 버려진 느낌. 하지만 걱정할 필요는 없다. 누군가는 반드시 당신을 사랑하기 위해 어딘가에서 기다리고 있기 때문이다. 이것은 당신을 위로하기 위한 얄팍한 거짓말이 아니다. 고독한 사람이 고독해지기 위해서는 그가 원래부터 고독한 사람이 아니어야 한다. 그러므로 지금 이 순간 고독한 사람은 이전에 분명히 누군가를 사랑한 사람이다. 당신 또한 마찬가지다. 당신이 외로움에 눈물 흘리는 이 시간에도 당신은 누군가를 사랑하고 있으며 당신을 그리는 누군가도 그러한 것이다.

외로움이 그대를 죽이지 못하는 이유는 내가 아직도 그대를 사랑하고 있기 때문이다 외로움으로 사람이 죽어가는 것은 아무도 당신을 사랑하지 않는다고 중얼거릴 때부터이다 이 세상에 아무도 당신을 사랑하지 않는 일은 일어나지 않는다

—「아무도 당신을 사랑하지 않는 일은 일어나지 않는다」 부분

사랑이 세계를 지지하는 유일한 원리로 기능하는 곳에서 "아무도 당신을 사랑하지 않는 일은 결코 일어나지 않는다." 삶이 유지되는 한 사랑은 결코 사라지지 않는다. 아무도 사랑을 하지 않는 시간이 도래할 때 세계의 종말이며 개인의 진정한 소멸이다. 조성화 시인이 행한 삶과 사랑이 가지는 다양한 형식에 대한 개인적 독해는 여기까지다.

부기附記

그래도 아직 말하지 못하고 지나간 것이 있다. 시인은 어떻게 시를 사유하는가에 대한 물음이 그것이다. 다행히 시인은 시집에 실린 몇 편의 시를 통해 자신의 시론을 펼치고 있다.

문득
허공으로부터
그대 생각이 왔다

내 것이라고 주장할 수 없는

생각들이

문득을 앞장세워

저기 오고 계신다

—「문득」 전문

시인은 자신의 시를 온전히 자신의 것이라 주장하지 않는다. 이런 의미에서 그의 시는 만들어지는 것이 아니라 누구나 볼 수 있는 삶의 저장고에서 "문득"이라는 찰나의 시간에 다가오는 삶의 생각들을 포착하는 것이다. 그렇다면 시인이 보는 것을 볼 수 있는 사람이라면 모두 시인처럼 사유할 수 있는 것일까? 그렇지는 않을 것이다. 시인이 보는 것은 누구나 볼 수 있는 것이지만 그렇다고 아무나 볼 수 있는 것은 아니다. 사물의 본질은 그렇게 쉽게 다가오지 않는다.

새벽이슬을 빨다가 풀 날에 입술을 베였습니다

비어 있는 이슬 자리로 핏방울이 달려갔습니다

순간 풀은 푸르르 떨며 잠시 휘청거렸습니다

한 번도 만난 적 없던 별종의 이슬인 핏방울을 만나

걷잡을 수 없는 흥분에 풀은 불그레했습니다

—「붉은 이슬」 전문

그렇다면 시인은 삶의 진실에 어떻게 다가가는가. 이는

그가 사물과 대면하는 방식에 있다. 그는 사물의 진실을 마주하는 것을 두려워 하지 않는다. 누군가 잎새에 맺힌 '이슬'을 보는 것으로 만족할 때 그는 자신의 혀를 내밀어 자신의 피와 이슬을 결합시킨다. 자신의 피를 보며 설레어할 수 있는 것. 이것이 그만이 가진 '시의 이슬'이다.

조성화

조성화 시인은 1963년 부산에서 태어났고, 1990년 《경향신문》 신춘문예로 등단했다. 시집으로는 『사랑도 짐이 되어 먼먼 역에 두고 내리고 싶다』와 『이 세상에 아무도 자기를 사랑하지 않는 일은 일어나지 않는다』가 있으며, 현재 포항에 거주하며 시를 쓰고 있다.

『독풀도 사랑받고 싶다』는 조성화 시인의 세 번째 시집이며, 그는 '사랑의 전도사'이자 '사랑의 시학'의 완성자라고 할 수가 있다.

"살아 있으면서도 사랑하지 않는 것/ 이것이 진짜 죽음이다"(「진짜 죽음」). "저 두툼한 생의 사전/ 펼쳐보니 사랑뿐이구나// 사랑의 반대말도/ 사랑이구나"(「몸」)

이메일 : cho0060@hanmail.net

조성화 시집

독풀도 사랑받고 싶다

발　행 2018년 3월 25일
지 은 이 조성화
펴 낸 이 반송림
편집디자인 김지호
펴 낸 곳 도서출판 지혜
계간시전문지 애지
기획위원 반경환 이형권 황정산
주　소 34624 대전광역시 동구 선화로 203-1, 2층 도서출판 지혜 (삼성동)
전　화 042-625-1140
팩　스 042-627-1140
전자우편 ejisarang@hanmail.net
애지카페 cafe.daum.net/ejiliterature

ISBN : 979-11-5728-271-5 03810
값 9,000원

이 책의 판권은 지은이와 도서출판 지혜에 있습니다.
양측의 서면 동의 없는 무단 전제 및 복제를 금합니다.